50 Ra

las

enamoré de ti:

Un libro de completar de mí para ti

Written by Marshaun Olaniyan
Illustrator: Nada Mamdouh (Dew)

Printed in the United States of America

Marshaun Olaniyan Consulting LLC
P. O. Box 2580, El Cajon, CA 92021

Website: www.marshaunolaniyan.com

Follow Marshaun on your favorite social media sites:
YouTube: MarshaunO
Instagram: marshaun
FB Fanpage: Marshaun Olaniyan

Dedicatoria

Este libro está dedicado a todas esas parejas que tienen intenciones de mantener el fuego encendido entre ellos

1.

Me enamoré de ti cuando

________________________________.

2.

Mi recuerdo favorito de nosotros juntos es

______________________________.

3.

Me encanta cuando cuentas la historia sobre ____________________

____________________________.

4.

No puedo evitar reír cada vez que ________ ______________________________.

5.

Me encanta cuando tú

______________________________.

6.

No puedo dejar de pensar
en esa vez que tú

______________________________.

7.

Tus besos me hacen sentir ______________ y me recuerdan a _____________ ____________________________.

8.

Me encanta tu aroma.
Huele a
_________________________.

9.

Nuestra primera cita fue ____________________________.

10.

Me enamoro de ti cada vez que

______________________.

11.

Te emocionas cuando

______________________________.

12.

Mi cosa preferida para hacer juntos es

______________________________.

13.

Siempre me sorprende que recuerdes ________

______________________________.

14.

Me inspira tu ______________

______________________________.

15.

Me haces sentir hermosa/o cuando

______________________________.

16.

Eres considerada/o cuando

________________________________.

17.

Tu generosidad me hace

______________________________.

18.

Tu sonrisa ____________________

___________________________________.

19.

No puedo esperar a envejecer contigo para que podamos ____.

20.

Mi corazón da un vuelco cuando

_______________________________.

21.

Tus abrazos ______________

____________________________.

22.

Me prende cada vez que

______________________________.

23.

Siempre me trae placer cuando tú

______________________________.

24.

Puedes ser rara/o
cuando

____

pero te amo igual.

25.

Si tuviera que resumir
en una palabra por qué
te amo sería
________________.

26.

Cuando estamos lejos
siento
____________________.

27.

Cada vez que escucho
la canción ________________
pienso en ti.

28.

Mis vacaciones favoritas contigo fueron ______________________________.

29.

Nos la pasamos genial
cuando ________________
juntos.

30.

Mirarte ________________
me hace muy feliz. Hace
que mi corazón ________
_________________________.

31.

Amarte es como

___________________________________.

32.

Me encanta que me haces

________________________________.

33.

Me haces sentir súper

____

cuando estoy deprimida/o y necesito que me levantes.

34.

Escogiendo que era

______________________________.

35.

Si fueras un personaje de caricatura serías

____

porque

______________________________.

36.

Me encantaría que nosotros

______________________________.

37.

Me encanta verte usando el color ______________. Resalta tu ______________________________.

38.

Me encanta mirarte

______________________________.

39.

Me siento a salvo siempre que

________________________________.

40.

Mi mundo es más brillante cada vez que

______________________________.

41.

Si fueras un auto serías
un ___________________
porque
_________________________.

42.

Me encanta observarte

__________________________________.

43.

Eres el tipo de

____

que cada ________________

desea.

44.

Me encanta lo apasionada/o que eres

______________________________.

45.

Gracias a ti los tiempos difíciles parecen menos

_________________________________.

46.

Haces el/la mejor

______________________________.

47.

La primera cosa que noté de ti cuando nos conocimos fue ________

________________________.

48.

Me encanta cómo me haces _______________ cada vez que estoy _________________________.

49.

Tu mejor cualidad en mi opinión es

______________________________.

50.

Las tres palabras principales que te resumen y a lo mucho que significas

para mi son __________,

____________ y ___________.

Made in United States
Troutdale, OR
12/22/2023

16354701R00065